광종은 노비안검법을 실시하여 호족들이 차지하고 있던 노비들을 양인으로 만들었어요. 또 후주에서 귀화한 쌍기의 건의를 받아들여 과거 제도를 시행하여 뛰어난 인재를 뽑아 썼어요. 경종은 전시과 제도를 마련함으로써 고려 토지 제도의 기본 체계를 갖추었지요. 자, 고려의 역사 속으로 들어가 볼까요?

추천 감수 **박현숙**(고대사)
고려대학교 사범대학 역사교육과를 졸업하고 동 대학원에서 문학박사 학위를 받았습니다. 현재 고려대학교 사범대학 역사교육과 교수로 재직 중이며, 백제 문화와 고대 인물사 등에 대한 활발한 연구를 계속하고 있습니다. 쓴 책으로 〈백제의 중앙과 지방〉, 〈한국사의 재조명〉 등이 있습니다.

추천 감수 **정구복**(고려사·조선사)
서울대학교 사범대학 역사교육과를 졸업하고 서강대학교에서 문학박사 학위를 받았습니다. 한국학중앙연구원 한국학대학원의 교수로 재직 중이며, 한국학중앙연구원 한국학대학원 원장을 역임하였습니다. 쓴 책으로 〈한국인의 역사 의식〉, 〈역주 삼국사기〉, 〈한국 중세 사학사 1, 2〉 등이 있습니다.

추천 감수 **김한종**(근현대사)
서울대학교 사범대학 역사교육과를 졸업하고 동 대학원에서 역사교육을 전공하여 문학박사 학위를 받았습니다. 현재 한국교원대학교 교수로 재직 중입니다. 쓴 책으로 〈역사 교육 과정과 교과서 연구〉, 〈역사 교육의 내용과 방법〉(공저), 〈한·중·일 3국의 근대사 인식과 역사 교육〉(공저), 〈역사 교육과 역사 인식〉(공저) 등이 있습니다.

고증 **문중양**(과학사)
서울대학교 계산통계학과를 졸업하고 동 대학원에서 이학박사 학위를 받았습니다. 쓴 책으로 〈우리 역사 과학 기행〉, 〈우리의 과학문화재〉(공저), 〈세종의 국가 경영〉(공저) 등이 있습니다.

고증 **정연식**(생활사 및 복식)
서울대학교 국사학과를 졸업하고 동 대학원에서 문학박사 학위를 받았습니다. 쓴 책으로 〈조선 시대 사람들은 어떻게 살았을까?〉(공저), 〈일상으로 본 조선 시대 이야기 1, 2〉 등이 있습니다.

글 **박영규**
1996년 밀리언셀러 〈한권으로 읽는 조선왕조실록〉을 출간한 이후 〈한권으로 읽는 고려왕조실록〉, 〈한권으로 읽는 백제왕조실록〉, 〈한권으로 읽는 신라왕조실록〉 등 '한권으로 읽는 역사 시리즈'를 펴내면서 쉽고 재미있는 역사책 읽기의 바람을 일으켰습니다. 그 외에도 〈교양으로 읽는 한국사〉 등의 많은 역사책을 썼습니다.

그림 **김완진**
대학에서 서양화를 공부하고, 현재 프리랜서 일러스트레이터로 활동 중입니다. 그린 책으로 〈꼬마 미술사〉, 〈주생전〉, 〈리어왕〉, 〈호랑이 형님〉, 〈아빠는 잠이 안 와〉 등이 있습니다.

이미지 제공
연합포토, 중앙포토, 국립중앙박물관, 국립부여박물관, 국립경주박물관, 국립민속박물관, 유연태(사진작가), 허용선(사진작가)

광개토 대왕 이야기 한국사 **35** 고려
광종, 노비를 해방하다

총기획 및 발행인 박연환
발행처 (주)한국헤르만헤세
출판등록 제17-354호
연구개발원 경기도 성남시 분당구 금곡동 444-148
대표전화 (031)715-7722
팩스 (031)786-1100
본사 서울시 송파구 석촌동 7-3
대표전화 (02)470-7722
팩스 (02)470-8338
고객문의 080-715-7722
편집 임미옥, 백영민, 윤현주, 지수진, 최영란
디자인 장월영, 주문배, 김덕준, 김지은

ⓒ Korea Hermannhesse

이 책의 저작권은 (주)한국헤르만헤세에 있습니다. 본사의 동의나 허락 없이는 어떠한 방법으로도 내용이나 그림을 사용할 수 없습니다.

△ 주의 : 본 교재를 던지거나 떨어뜨리면 다칠 우려가 있으니 주의하십시오.
고온 다습한 장소나 직사광선이 닿는 장소에는 보관을 피해 주십시오.

이 책의 표지는 일반 용지보다 1.5배 이상 고가의 고급 용지인 드라이보드지를 사용해 제작하였습니다. 표지를 드라이보드지로 제작하면 습기의 영향을 덜 받기 때문에 본문 용지가 잘 울지 않고, 모양이 뒤틀리지 않아 책을 오랫동안 보존할 수 있습니다.

이 책은 기존의 석유 잉크 대신 친환경 식물성 원료인 대두유 잉크를 사용하여 인쇄하였습니다. 대두유 잉크는 선진국에서 널리 사용하고 있는 고가의 대체 잉크로, 휘발성이 적어 인쇄 상태의 보존이 용이하고, 인체에 무해할 뿐만 아니라 눈에 부담을 주지 않는 자연스러운 색을 내는 특징이 있습니다.

광개토 대왕 이야기 한국사

35 ★ 고려

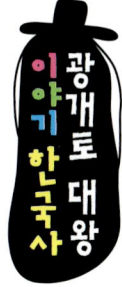

광종, 노비를 해방하다

감수 정구복 | 글 박영규 | 그림 김완진

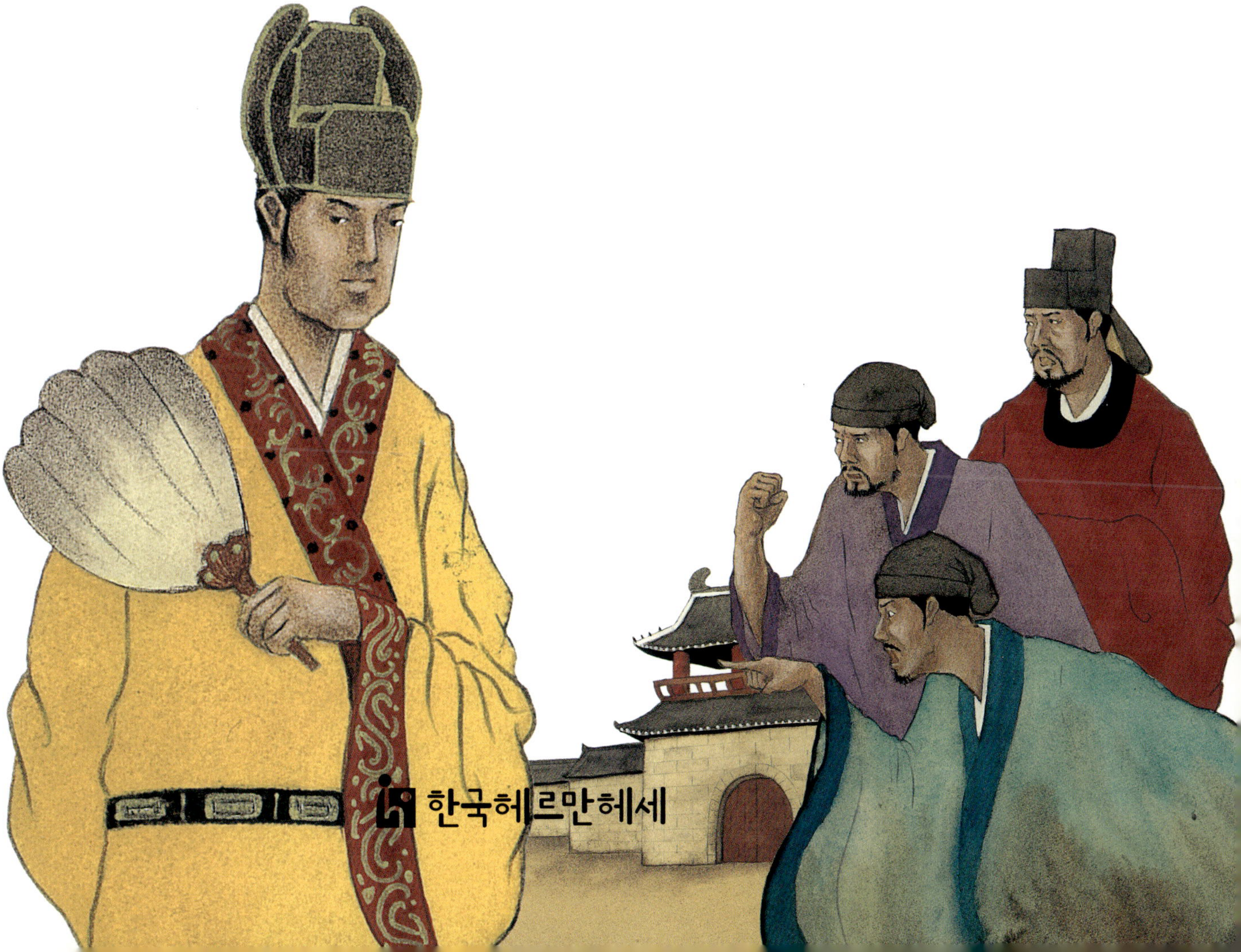

한국헤르만헤세

왕권 강화 정책을 펼친 광종

개혁의 기수, 광종

고려는 견훤의 후백제를 물리치고 나라를 일으켰지만,
왕실이 제구실을 하지 못하고 있었어요. 왕건이 여러 호족의 딸을
아내로 맞이한 것은 왕권을 키우기 위한 것이었지만,
오히려 그 자식들이 왕권 다툼을 벌이는 결과를 불러왔어요.
그래서 고려의 가장 큰 숙제는 왕권을 안정시키고
호족들의 기세를 꺾는 일이었어요.
이 과제를 이룬 왕이 바로 제4대 광종이에요.
광종은 신명순성 왕후의 셋째 아들로 이름은 '소'예요.
949년 3월에 친형인 정종이 죽자 그 뒤를 이어 왕이 되었어요.
광종은 왕자 시절부터 정종을 도왔어요.
서경파인 박수경·박수문 형제, 왕식렴과 가까이 지내면서
정종을 왕위에 올리는 데 큰 공을 세웠지요.
광종은 개경파를 등에 업은 혜종과도 가까이 지냈어요.

훗날 최승로는 광종을 이렇게 평가했어요.
'정종은 고집이 세고 남의 말을 잘 듣지 않았다. 그래서 백성들의 아우성을 무시하고 큰일만 벌이다 병을 얻고 말았다. 하지만 광종은 달랐다. 그는 일을 하기 전에 거듭 생각하고, 일을 할 때에도 매우 조심스러웠다. 그렇지만 일단 기회를 잡게 되면, 그 누구보다 대범하게 밀고 나갔다.'

모두에게 인정받기 위해 최선을 다했어.

광종은 처음 7년간은 아무 일도 하지 않았어요.
그는 호족들에게 나랏일을 맡긴 채 책을 읽거나
이곳저곳을 돌아보기만 했어요.
광종을 보고 실망하는 신하들도 있었어요.
"폐하, 호족들이 자기 세상을 만난 듯 설쳐 대는 꼴이 안
보이십니까? 어찌 저들을 가만히 놔두고만 계십니까?"
광종은 느긋한 표정으로 말없이 고개만 끄덕였어요.
'호족들을 이기려면 치밀한 계획이 필요해.'
광종은 처음에는 개혁 정책을 실시하지 않았어요.
그러니 호족들도 특별히 불만을 가질 이유가 없었어요.

서두르지 말자.
지금은 준비할
때야.

광종은 7년 동안 정치적 능력을 기르는 데만 힘썼어요.
또한 〈정관정요〉라는 책을 통하여 신하를 다스리는 법,
나라의 방향을 세우는 법 등을 익혔어요.

**광종은 왕권을 강화하고 중앙 집권 체제를
이룩할 방법을 차근차근 터득해 나갔어요.**

광종이 조용히 지켜보기만 하는 동안, 태조 왕건이
일구어 놓은 호족 연합체는 잘 굴러가고 있었어요.
그러니 지방에서는 왕보다 호족의 힘이 더 강했어요.
그중 광종이 왕이 되도록 힘을 쓴 충주 유씨와 평산 박씨의
세력이 호족들의 우두머리 역할을 하고 있었어요.
청주 김씨도 광종에게 호의를 보이고 있었지요.
이렇듯 호족들이 나라를 쥐락펴락하다 보니,
그들에게 왕은 손쉬운 상대로 보였어요.
하지만 광종은 대외 정치만큼은 직접 챙겼어요.
950년에는 나라의 위상을 높이기 위해 '광덕'이라는
연호를 만들었어요. 이렇게 중국의 연호를 버리고
독자적인 연호를 사용할 수 있었던 것은
당시 중국 땅에 이렇다 할 강국이 없었기 때문이에요.

하지만 그로부터 1년 뒤, 후주가 새롭게 중국 땅의 강자로 떠오르자
광종은 그해 12월에 다시 후주의 연호를 사용하기 시작했어요.
고려가 후주의 연호를 쓴 것은 여진과 거란 때문이었어요.
거란은 북쪽 국경에서 걸핏하면 고려를 치곤 했는데,
고려는 그들을 막기 위해 후주와 가까이 지낼 필요가 있었거든요.
이처럼 고려는 그때그때 주변 정세에 따라 연호를 바꾸곤 했어요.
광종은 자신의 정치적 능력을 키우고 고려의 국제적 위상을 높이는 데
힘을 쏟는 한편, 백성들의 마음을 얻는 일에도 신경을 썼어요.
'나는 내 형이 어떻게 죽었는지 잘 알고 있다. 백성이 있어야 나라도 있는 법, 백성들이 나를 따르게 하는 것이 바로 왕권을 세우는 길이다.'
광종은 형인 정종이 백성들의 고통은 아랑곳 않고 서경으로

▲ 관촉사 석조 미륵보살 입상

도읍을 옮기려다 실패한 일을 잘 알고 있었어요.
'아무리 좋은 정책이라도 백성들의 지지를 받지 못하면 결코 성공할 수 없어. 먼저 백성들이 나를 믿게 하는 데 온 힘을 다해야겠다.'
광종은 불교를 통해 백성들을 안심시키려고 했어요. 그래서 951년에는 대봉은사를 세워 태조 왕건의 넋을 기리게 했고, 화엄종 승려인 균여를 가까이 두었어요.

양인 출신 노비를 해방하다

광종은 다른 나라의 상황도 주의 깊게 살펴보았어요.
'다른 나라가 어떻게 살림을 꾸려 가는지 알아보면,
우리에게도 도움이 될 거야.'
이때 광종의 눈에 들어온 나라가 바로 후주였어요.
광종은 955년에 왕융을 사신으로 보냈어요.
왕융은 후주 사람으로, 고려에 살고 있는 귀화인이었지요.
'후주도 귀족이 권력을 쥐고 있었어. 그런데 나라가 세워진
지 얼마 되지도 않았는데 왕이 권력을 잡아 나가고 있어.
어떻게 이런 일을 해냈을까?'
왕융은 후주의 정책을 고려에서 실현시킬 사람을 찾았어요.
그때 왕융의 눈에 띈 사람이 바로 쌍기였어요.
쌍기는 후주에서 왕권을 강화하는 데 큰 공을 세웠어요.
왕융은 쌍기를 찾아가 부탁했어요.
"우리 고려는 호족들 때문에 골치를 앓고 있습니다.
우리 왕께서는 왕권을 바로잡으려고 노력하고 계신데,
함께할 신하가 없어 걱정이 많으십니다.
대인께서 하신 일을 보고 나니, 대인을 우리 왕께 꼭
모시고 가고 싶습니다."
"잠시 다녀오는 거야 어렵지 않지요."

하지만 쌍기는 고려에 오자마자 병에 걸려 버렸어요.

쌍기가 오랫동안 병을 앓자, 후주의 사신들은 먼저 돌아가야 했어요.

광종은 다시 한 번 후주에 사신을 보냈어요.

"쌍기를 아예 고려의 신하로 삼아도 되겠습니까?"

후주의 왕 세종은 흔쾌히 응했어요.

광종은 쌍기를 가까이 두고 나랏일을 의논하기 시작했어요.

"후주 귀족들의 힘을 어떻게 누른 것인가?"

"모든 문제에는 시작이 있는 법입니다. 호족들을 누르기 위해서는 그들의 힘이 어디에서 왔는지부터 찬찬히 살펴야 할 것입니다."

쌍기는 광종의 개혁에 힘을 실어 줄 만한 계획을 가지고 있었어요.

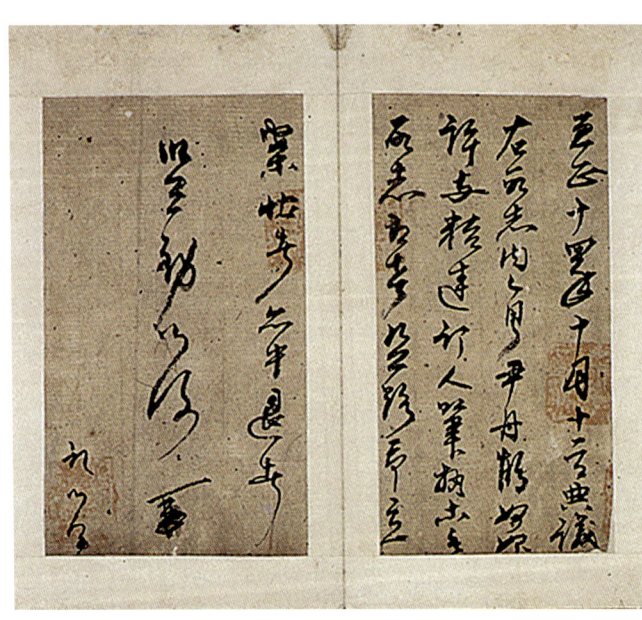

▲ 고려 시대의 노비 문서

쌍기는 이곳저곳을 돌아다니며 고려의 사정을 알아봤어요. 광종을 도와 제대로 개혁을 이뤄 내고 싶었던 거예요.

"그대가 보기에 호족들의 힘은 어디에서 나오는 것 같은가?"

"호족들의 힘은 노비에게서 나옵니다. 호족들의 많은 땅을 경작하는 것은 모두 노비들인데, 그들에게는 돈을 주지 않기 때문에 호족들의 재산은 날이 갈수록 쌓여 가는 것입니다."
"나도 그렇게 생각한다. 하지만 호족들이 군대를 가지고 있다는 게 더 큰 문제인 것 같구나."

"군대 문제 또한 노비에서 비롯됩니다. 호족들이 노비를 사병으로 키우기 때문입니다. 노비가 없어지면 호족들의 힘은 약해질 것입니다."
고려에는 노비가 넘쳐 나고 있었어요. 호족들이 전쟁 포로들을 노비로 삼았기 때문이에요. 전에는 양인으로 살아가던 사람들까지 노비가 되니, 어떤 호족은 1,000명이 넘는 노비를 부릴 정도였어요.
노비들은 세금을 내지 않을 뿐만 아니라 전쟁에도 나가지 않았어요. 노비들은 호족들의 개인 재산에 가까웠어요.

왕으로서는 노비가 줄어들수록 이익이었어요. 노비는 어디까지나 호족들에게만 이익이 되었으니까요. 노비들이 양인이 되면 세금을 내게 될 것이니 나라 살림도 넉넉해지고, 전쟁에 나갈 군사도 늘어나게 될 것이었어요.
광종은 쌍기의 말에 크게 기뻐했어요.
"그대의 생각이 나와 같구나. 노비를 풀어 줘야겠다."

농사꾼도 노비고, 군사도 노비입니다.

956년, 광종은 '노비안검법'을 선포했어요. 이 제도로 삼국 시대부터 노비로 살아온 사람들을 뺀 대다수 노비들이 양인이 되었지요.
호족들은 매우 당황했어요. 특히 몇 백 명이나 되는 노비들을 데리고 있던 대호족들의 반발이 컸어요.
"폐하, 노비를 풀어 주다니요. 부디 뜻을 거두어 주십시오."
하지만 광종은 꿈쩍도 하지 않았어요. 호족들은 발만 구를 뿐 광종을 말리지 못했어요. 광종은 그동안 자신의 힘을 많이 키워 놓았거든요.
결국 이 정책으로 호족들의 힘은 크게 약해졌어요.
더불어 나라 살림은 넉넉해지고 동원할 수 있는 군사는 많아졌어요.
광종의 힘을 키워 줄 든든한 버팀목이 생긴 것이지요.

과거를 통해 관리를 뽑다

호족들의 힘이 어느 정도 꺾이자 광종은 본격적으로 개혁을 시작했어요.

광종 곁에서 이 모든 계획을 함께한 사람도 쌍기예요.

쌍기가 높은 벼슬에 오르자 호족들의 반발이 심했어요.

그러자 광종은 쌍기에게 '한림학사'라는 더 높은 벼슬을 주었어요.

한림학사는 학문과 관련된 업무를 보는 자리였어요.

광종은 조용히 쌍기를 불러 말했어요.

"과인이 그대를 한림학사 자리에 앉힌 까닭을 알고 있느냐?"

"예, 폐하. 그동안 철저하게 연구하고 준비했사옵니다. 이제 과거 제도를 실시하여 조정을 새로운 인재로 가득 채워야 할 것이옵니다."

광종이 쌍기를 한림학사에 앉힌 것은 다 이유가 있었어요.

쌍기는 후주에서 과거 제도에 관여했거든요.

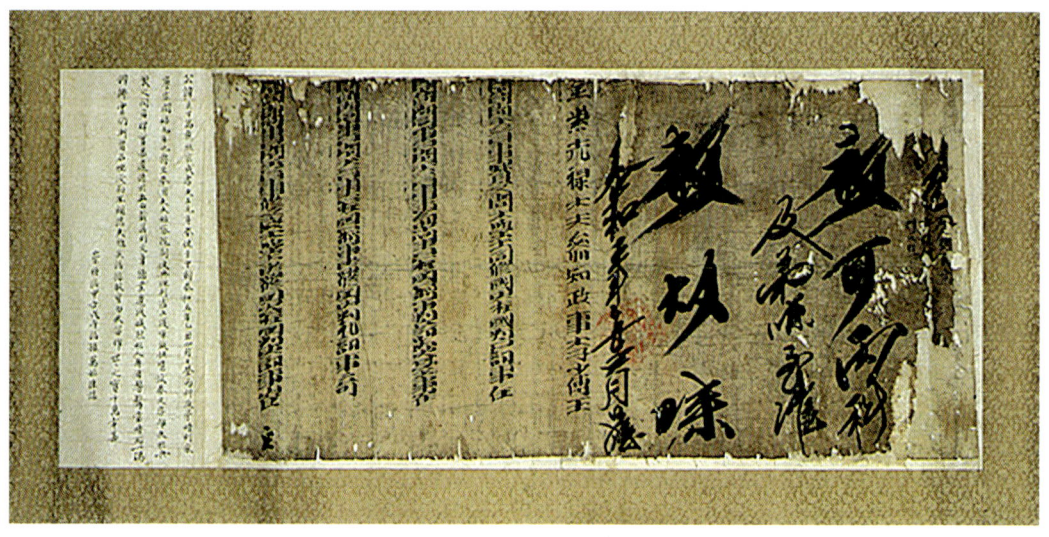

▲ 고려 시대에 과거에 합격한 사람에게 내린 왕의 교지

"그렇다. 이제 때가 왔다. 그대를 과거를 주관하는 지공거에 임명하니
즉시 과거 제도를 시행하도록 하라."
그리하여 958년, 마침내 과거 제도가 시작되었어요.
이는 우리 역사에서 최초로 실시된 과거 시험이었어요.
노비안검법으로 엄청난 타격을 받고 휘청거리고 있던 호족들에게
과거 제도의 시행은 또 다른 충격이었어요. 호족들은 고려의 건국과
통일 과정에서 공을 세운 무인이 대다수였거든요.

과거제 실시는 호족의 자제들이 관리가 되는 데 방해가 되었어요.
즉 과거 제도는 호족들의 정계 진출을 막는 효과적인 조치였지요.
광종이 과거 시험으로 관리를 뽑게 되자
전국에 학교가 하나둘 세워지기 시작했어요.
학자들이 제자를 두고 자기 학파를 키우기 시작하자,
문관 중심의 관료 체제가 자리를 잡아 갔어요.
유학을 공부하는 청년들이 늘어나고, 충과 효를 최고 덕목으로
생각하는 선비들이 관직을 채우기 시작했어요.

이제 조정에는 과거 시험을 통해 학문이 뛰어난 인재들이
들어오기 시작했어요.
이로써 왕권은 강화되고 호족 세력은 빠르게 밀려났어요.
왕을 중심으로 한 중앙 집권 체제가 이루어진 거예요.
이렇게 학문을 우선시하려는 시도는 예전에도 있었어요.
신분 차별이 심했던 신라 시대에 신문왕과 원성왕이 각각 국학과
독서삼품과를 두어 유학을 일으켰거든요. 그러다 광종 때 비로소
과거 제도가 시행되어 학문을 추구하는 풍토가 자리 잡은 거예요.

끙~ 중앙 집권 체제?
어렵다, 어려워.

과거제 실시 2년 후인 960년, 광종은 모든 관리의 옷을 새로 바꾸었어요.
후주의 세종은 진작부터 고려의 관복을 중국식으로 바꾸라고 했지만,
광종은 자신의 힘이 강해질 때까지 미뤄 두고 있었어요.
당시 부자는 좋은 옷을 입고 가난한 사람은 초라한 옷을 입었어요.
광종은 무질서한 관복이 조정 분위기를 흩뜨린다고 보았어요.
그래서 관직에 따라 관복 색깔을 달리했어요.
원윤 이상은 자주색, 중단경 이상은 붉은색, 도항경 이상은 진홍색,
소주부 이상은 녹색 옷을 입게 했지요.
한편 이 시기에 중국에서는 후주가 무너지고 조광윤이 세운 송나라가
위세를 떨쳤어요.
중국의 혼란이 계속되자 광종은 스스로 황제가 되려고 했어요.
고려에도 황제가 있다는 것을 만방에 알리고 싶었던 거예요.
그래서 '준풍'이라는 독자적인 연호를 사용하기 시작했어요.
또 황제로서의 권위를 세우고자 개경을 '황도', 서경을
'서도'로 고쳐 부르게 했어요.

공포 정치를 펼친 광종

960년에 평농서사 권신이 광종을 찾아왔어요.
"폐하, 대상 준홍과 좌승 왕동 등이 역모를 꾸미고 있으니 속히 이들을 잡아들이소서."
"뭣이? 즉시 역적들을 잡아들여라."
준홍과 왕동은 유력한 지방 호족 출신으로 고려의 호족 출신 관리를 대표하는 사람들이었어요.

음~ 아예 뿌리를 뽑아 버려야겠군.

역적으로 몰린 준홍과 왕동은 가까스로 죽음은 면했어요.
그러나 벼슬은 내놓아야 했지요.
이제까지는 힘 있는 호족들을 함부로 다룰 수 없었어요.
하지만 광종은 이 일을 계기로 자신을 비판하는
호족 출신 관료들을 조정에서 몰아내기 시작했어요.
광종은 태조 때부터 최고 권력을 휘두르던
박수경 가문을 몰락시키기도 했어요.
박수경은 태조의 충직한 부하였을 뿐만 아니라
서경 세력의 핵심이었어요.
광종이 왕이 되는 데도 큰 도움을 준 인물이었지요.
하지만 광종은 높은 벼슬에 있던 박수경의 세 아들에게
역모 죄를 씌워 몰아냈어요.
이제 더 이상 무서울 것이 없어진 광종은 눈에 거슬리면
왕족들까지도 가차 없이 죽였어요.
혜종과 정종의 아들도 이때 목숨을 잃었어요.

심지어 태자 주까지도 죽음의
공포에 시달려야 했어요.
광종의 공포 정치 시대가
열린 거예요.

◀ 고려 시대의 관복

그러던 어느 날, 서필이 광종을 찾아왔어요.
서필은 강직한 성품을 가진 인물로, 왕에게 바른말을 잘했어요.
"폐하, 제 집을 바치겠으니 받아 주시옵소서. 어차피 신이 죽고 나면
집을 빼앗길 테니, 미리 바치는 것이 현명한 일이 아니겠습니까?"
광종이 고려 신하의 집을 빼앗아 귀화인에게 주는 등 귀화인들을
지나치게 중용하자, 서필이 이렇게 빗대어 광종을 비판한 거예요.
광종은 서필의 말에 크게 화가 났어요. 하지만 곧 서필의 말이
옳음을 깨닫고 다시는 신하들의 집을 빼앗지 않았어요.

공포 정치를 밀어붙이던 광종이 조금씩 변하기 시작했어요.
그동안 자신의 칼날에 죽어 간 많은 사람들을 위로하기 위해 절을
세웠어요. 또 백성들에게 떡과 쌀을 나누어 주기도 했어요.
그리고 972년에는 가벼운 죄인들을 모두 풀어 주었어요.
광종은 974년까지 과거 시험을 통해 새로운 인물을 뽑았어요.
귀화인들의 도움으로 개혁을 완성했지만, 그렇다고 계속해서
귀화인들을 중심으로 조정을 이끌어 나갈 생각은 없었어요.
광종 11년 이후 16년간 계속된 공포 정치는 짧은 기간 안에
개혁을 이루기 위한 극약 처방이었던 것이지요.
광종은 27년간의 재위를 마치고 975년에 숨을 거두었어요.

고려 토지 제도의 근본을 마련한 경종

다시 고개를 드는 호족들

광종이 병으로 죽자 공포와 불안 속에서 가까스로 목숨을 건진 태자 주가 왕위에 올랐어요. 그가 바로 고려 제5대 왕 경종이에요.

경종은 왕위에 오르자마자 광종에게 쫓겨났던 신하들을 불러들였어요. 그리고 그들에게 다시 벼슬을 내렸어요. 또한 광종 시대에 만들었던 임시 감옥들도 모두 헐어 버렸어요. 공포 정치가 막을 내린 거예요. 경종은 자신도 광종 아래에서 공포에 떨었기 때문에 호족들을 어느 정도 풀어 주려고 했어요. 그는 우선 광종 때 마련된 호족들에게 불리한 조치들을 하나씩 없애기 시작했어요.

▲ 경종 때 만들어진 것으로 짐작되는 고달사 원종 대사 혜진탑

그런데 광종 후기가 공포 정치의 시대라면,
경종이 즉위한 초기는 복수 정치의 시대였어요.
재상이 된 왕선을 비롯하여 수많은 호족들이
예전의 앙갚음을 하려고 단단히 벼르고 있었거든요.
"폐하, 돌아가신 왕 때 얼마나 많은 신하들이 죽었습니까?
그때 재산과 벼슬을 빼앗긴 신하들도 엄청나게 많습니다.
그들은 왕실을 크게 원망하고 있을 것입니다. 만약 지난
일을 이대로 묻어 둔다면 나라가 혼란스러워지고
백성들의 마음도 떠날 것입니다."

**"그래서 감옥도 없애고 죄인들도 풀어 주지
않았소? 뭐가 더 필요하단 말이오?"**

"지난 16년 동안 칼을 휘두른 사람들이 여전히 높은 벼슬에
앉아 떵떵거리며 살고 있으니, 어찌 그들의 원한을 달랠 수
있겠습니까? 폐하, 복수법을 만드는 것이 어떻겠습니까?
그러면 억울한 이들의 마음도 조금은 풀릴 것입니다."
'복수법'이란 광종 시대에 피해를 입은 호족들이 정당하게
복수할 수 있도록 하는 법이었어요.
호족들은 이 법을 어떻게든 통과시키려고 성화였지요.
결국 경종은 복수법을 허락할 수밖에 없었어요.

경종이 복수법을 받아들인 것은 공포 정치로 왕실에 등을 돌린 호족들을 달래어 화합을 이루기 위해서였어요.
하지만 복수가 복수를 낳으면서 나라는 더 혼란스러워졌어요. 당시 조정에는 광종 때 과거로 등용된 신진 관료들이 새로운 세력을 이루고 있었어요. 광종 때 호족들을 고발한 사람들은 주로 노비나 하급 관료였는데, 새로운 세력으로 성장한 신진 관료들도 여기에 한몫을 했지요.
따라서 경종이 즉위한 뒤, 조정은 돌아온 호족들과 신진 관료들이 세력 다툼을 하는 곳으로 변해 버렸어요.

호족들의 복수는 약 1년 동안 계속되었어요.
그러던 중 태조 왕건의 아들인 효성과 원녕 왕자가 죽임을
당하는 일이 일어났어요. 왕선이 복수법을 빌미로 광종에게
보고도 하지 않고 왕실의 어른들을 죽인 거예요.
그러자 경종은 복수법을 금하고 왕선을 귀양 보냈어요.
그러고는 왕선이 혼자서 맡고 있던 자리에 두 명의
신하를 임명하는 좌우 집정제를 시행했지요.
한 신하에 권력이 집중되는 것을 막기 위해서예요.

안타깝게 스러져 간 경종

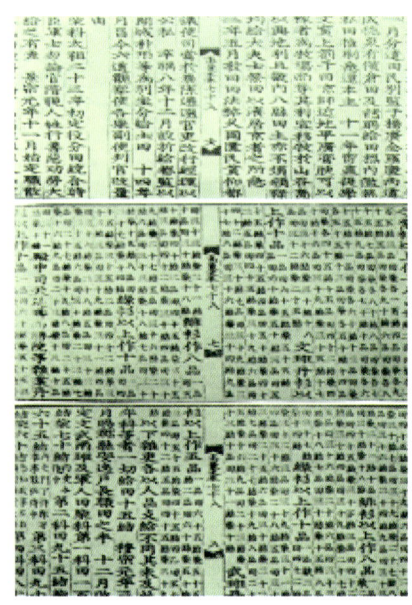

▲ 〈고려사〉 식화지 중 전시과조

976년에 경종은 전시과 제도를 시행했어요. 관직의 높고 낮음과 학문적 업적에 따라 토지를 나눠 주는 제도였지요. 이로써 호족들의 땅을 정부의 제도 안에 두게 되었고, 그 결과 왕권이 크게 강화되었어요. 전시과는 고려 개국 후 처음으로 마련된 토지 제도로, 그 역사적 의의가 매우 커요.
그 뒤 경종은 한동안 평화로운 시기를 보냈어요.
왕권은 안정되었고, 호족들의 반발도 잦아들었거든요.
977년에는 친히 진사시를 주관하여 고응 등 여섯 사람을 급제시키고, 송나라와도 자주 사신을 주고받았어요.
979년에는 발해의 유민 수만 명을 받아들였고,
지금의 평안북도 희천인 청새진에 성을 쌓아 국방을 튼튼히 하기도 했어요.

경종이 조정으로 다시 불러들인 인물 가운데 최지몽이 있었어요.
최지몽은 정종과 광종을 왕위에 올리는 데 공을 세웠어요.
하지만 광종에게 술주정을 하는 바람에 멀리 쫓겨 갔지요.
최지몽은 벼슬에 오르자마자 왕승이 반란을 꾀하고 있음을 경종에게
알렸고, 이로써 경종은 처음으로 반역 사건을 처리하게 되었어요.
그런데 사실 이것은 경종이 계획적으로 벌인 일이었어요.
왕권이 안정되어 가자 호족들이 들고일어나기 시작했거든요.
그래서 경종은 최지몽을 움직여 호족의 중심에 있는 왕승을
역적으로 몰아 없앤 거예요.
그런데 경종은 이 사건 이후 정사를 게을리하기 시작했어요.
날마다 여자들과 놀거나 바둑을 두면서 시간을 보냈어요.
경종이 갑자기 변한 이유를 분명히 알 수는 없지만,
정치 자체에 흥미를 잃었던 것 같아요. 왕승을 없애는 과정에서 많은
사람들이 죽었고, 호족들의 반발 또한 거세게 일어났어요.
화합 정치를 하고자 했던 경종으로서는 또다시 시작된
정권 다툼에 지친 것으로 짐작돼요.
981년 6월, 병으로 누운 경종은 사촌 동생
'치'를 불러 왕위를 물려주었어요.
경종은 화합 정치를 꾀하고 토지 제도를
정비하는 중대한 성과를 남긴 왕이랍니다.

고려 초기의 개혁 정책

고려가 후삼국을 통일하기는 했지만 왕권은 강하지 못했어요. 그래서 여러 가지 개혁 정책을 펼쳤지요. 그 예로 노비안검법, 과거 제도, 전시과 제도의 실시를 들 수 있어요. 또한 유능한 인재를 확보하기 위해서 발해 유민, 여진족, 중국인의 귀화를 받아들였어요.

노비안검법으로 양인이 된 백성들

956년, 광종은 사노비 가운데 본래 양인이었던 사람을 노비 신분에서 해방시키는 노비안검법을 실시했어요. 사노비는 호족들이 주로 데리고 있었으니 당연히 호족들의 힘이 약해졌지요.

노비안검법으로 양인의 수가 많아지자 조세 수입도 늘어났어요. 노비는 국가에 세금을 안 내기 때문이지요. 왕권을 강화시키려고 노비안검법을 실시했다는 말은 바로 이런 뜻에서 비롯된 거예요.

하지만 성종 때, 원래대로 노비로 돌리는 '노비환천법'이 생겼다고 해요.

능력에 따라 관리를 뽑는 과거 제도

과거는 선비들에게 시험을 보게 해서 그 성적에 따라 관리를 뽑는 제도예요. 광종 때 후주에서 귀화한 쌍기의 건의로 만들어졌으며, 2년에 한 번씩 치렀어요.

이전에는 귀족들과 호족들의 가족이나 친지들이 관리가 되어서 왕의 편을 드는 신하들이 적었어요. 그래서 왕은 정치적인 힘을 발휘할 수 없었지요. 하지만 과거 시험을 통해 관리를 뽑은 이후에는 귀족과 호족에게 아부하는 인물 대신 왕에게 충성하는 능력 있는 신하들이 관리가 되어 왕의 힘을 키울 수 있었어요.

▲ 과거 최종 합격자에게 주는 홍패 교지

🌸 나라에서 모든 땅을 관리하는 전시과 제도

관리의 지위에 따라 농사를 지을 수 있는 '전지'와 땔감을 얻을 수 있는 '시지'를 나누어 주던 제도예요. 전지와 시지를 합쳐서 전시과라고 하지요.
976년에 처음 실시되었으며, 998년에 개정 전시과로 바뀌었어요. 개정 전시과는 지위의 높고 낮음만을 따진 점, 무관에게도 농지를 나누어 준 점 등이 특징이에요. 1076년, 무관에 대한 대우가 크게 좋아진 경정 전시과로 다시 바뀌었는데, 이로써 고려 전기의 토지 제도가 완성되었지요.

물론 농사는 우리가 짓고, 관리들은 생산물을 받아 챙겼지.

🌸 관복의 색깔로 관리의 힘을 약화시키다

▲ 관리들이 입던 관복

광종은 신하들의 지위가 높은지 낮은지에 따라 관복의 색을 다르게 하는 4색 관복제를 시행했어요. 관복으로 지위의 높낮이를 표시하면 상하 질서를 잡기 편리하기 때문이지요. 고려의 4색 관복제는 조선 시대까지 그대로 이어졌다고 해요.
또한 왕의 권위를 높이기 위해서 귀족들의 회의 기구를 줄이거나 아예 없애 버렸어요.

한국사 돋보기 - 고려도 연호를 사용했을까?

고려의 왕이 황제가 못 될 이유가 없으니 앞으로 황제라고 부르거라.

연호는 황제만이 사용하는 것으로, 황제가 자리에 오른 해를 원년으로 삼아 연도를 따지는 거예요.
고려를 세운 왕건은 중국의 여러 나라처럼 왕을 황제라고 부르도록 하고, '천수'라는 연호를 사용했어요. 그러나 힘이 약해진 혜종과 정종 때는 연호를 사용하지 않았지요. 그러다가 광종이 다시 '광덕'과 '준풍'이라는 연호를 사용했어요. 하지만 그 뒤부터는 송과 요의 연호를 가져와 사용했고, 인종 때 묘청이 반란을 일으켜 잠시 '천개'라는 연호를 사용했지요.

쏙쏙! 한국사 상식

연등회와 팔관회

고려 시대에 열린 불교와 관련된 대표적인 국가 의식으로 연등회와 팔관회를 꼽을 수 있어요. 태조 왕건은 〈훈요 10조〉를 통해 후대 왕들에게 연등회와 팔관회를 잘 받들어 시행할 것을 당부했고, 혜종 이후 경종에 이르기까지 후대 왕들은 그 뜻을 잘 따랐어요.

▲ 오늘날의 연등회

🌸 연등회

본래 연등회는 인도에서 부처의 열반을 기리던 행사였어요. 이것이 중국으로 전해지고 다시 우리나라에 전해졌지요.

고려에서는 처음에 매년 정월 대보름날 연등회를 열었지만 현종 때부터는 2월 보름날로 바꿔 열었어요. 새로 절이나 탑을 세울 때나 석가 탄신일에도 열었지요.

연등회 때에는 궁중에 수많은 등을 찬란히 밝히고 음악과 춤, 그리고 연극을 베풀어 국가와 왕실의 태평과 백성의 복을 빌었어요.

🌸 팔관회

팔관회는 〈훈요 10조〉에 '하늘과 이름난 산, 큰 강, 용신을 섬기는 대회'라고 밝혀져 있어요. 그러나 본래 팔관회는 신라 때 처음 만들어진 불교 의식의 하나였어요. 그러다가 고려 태조 때 불교와 토속신에게 나라의 태평과 왕실의 안녕을 기원하는 행사로 바뀌었지요. 개경에서는 11월에, 서경에서는 10월에 베풀어졌어요.

팔관회는 고려 성종 때 최승로의 건의로 폐지되었다가 고려 현종 때 부활했어요. 연등회와 달리 오늘날에는 남아 있지 않아요.

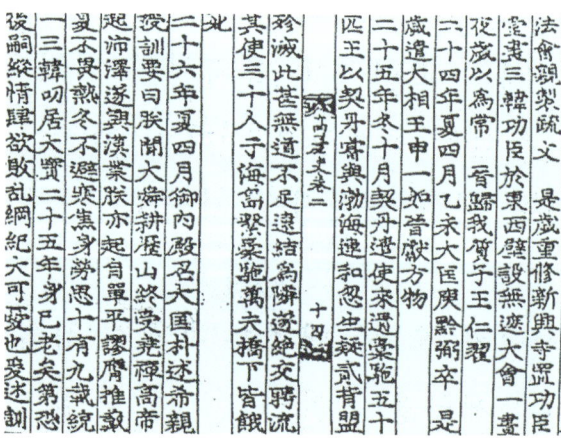
▲ 〈훈요 10조〉

한눈에 보는 연표

우리나라 역사 | **세계 역사**

- 940
- 946 ← 거란, 국호를 '요'로 고침
- 947 ← 후진 멸망
- 948 ← 후한, 고조가 죽고 은제 즉위
- 정종 사망, 광종 즉위 → 949

장량수 과거 급제 패지
고려의 광종은 과거제를 시행하여 유능한 인재를 뽑았어요. 과거를 제술과, 명경과, 잡과로 치러 실력 있는 문신과 기술관을 찾아냈지요.

- 950 ← 동프랑크의 오토 대제, 보헤미아 정복
- 951 ← 후한 멸망, 후주 건국
- 955 ← 오토 대제, 마자르인과 슬라브인 격퇴
- 노비안검법 실시 → 956
- 과거 제도 실시 → 958

"과거제 실시는 고려가 능력을 중시하는 사회가 되었음을 뜻하지."

- 관리 공복 제정 → 960 ← 송나라 건국
- 송나라와 외교 관계 수립 → 962 ← 오토 1세, 신성 로마 황제 대관
- 관촉사 석조 미륵보살 입상 만듦 → 968

▲ 오토 1세의 사인과 인장

거란의 문자
거란의 제2대 황제 태종은 거란국을 '요'로 고치고 송나라로부터 연운 16주를 빼앗았어요.

- 970
- 균여 대사, 〈보현십원가〉 지음 → 973 ← 송나라, 태종 즉위
- 요나라, 성종 즉위
- 경종 즉위 → 975 ← 송나라, 강남 통일
- 전시과 실시 → 976
- 고려 청자 제작 시작

▶ 청자 사자 유개 향로

"후진을 멸망시킨 것도 거란의 태종이야."